AF394856

INSTRUCTION PUBLIQUE.

# FACULTÉ DE DROIT DE STRASBOURG.

# ACTE PUBLIC,

## SUR

# LE MANDAT;

*Soutenu à la Faculté de Droit de Strasbourg, le Mardi 17 Décembre 1816, à quatre heures de relevée,*

POUR OBTENIR LE GRADE DE LICENCIÉ EN DROIT,

PAR

# CHARLES-LOUIS FERRU,

BACHELIER ÈS LETTRES ET EN DROIT,

DE NANCY, DÉPARTEMENT DE LA MEURTHE.

STRASBOURG,

De l'imprimerie de Levrault, impr. de la Faculté de Droit.
1816.

A LA PLUS CHÉRIE

DE

# TOUTES LES MÈRES.

CH. FERRU.

M. Hermann, Doyen de la Faculté, Chevalier de la Légion
d'Honneur.


## EXAMINATEURS:

MM. Frantz,
Thieriet de Luyton, } Professeurs.
Laporte,
Bloechel, ............. Suppléant.

# DU MANDAT.

## CHAPITRE PREMIER.

### De la nature et forme du mandat.

#### §. 1.<sup>er</sup>

##### Définition, origine et nature.

###### ARTICLE I.<sup>er</sup>

###### Définition et origine.

Le mandat, l'un des quatre contrats consensuels dont l'usage et l'utilité se représentent tous les jours dans la société, est *un acte par lequel une personne qui ne peut ou ne veut vaquer à ses propres affaires, donne pouvoir à une autre, qui l'accepte, de le faire pour elle et en son nom.*

Le mot de *mandat*, *mandatum*, vient en premier lieu du verbe latin, *mandare*, confier, donner un ordre. En remontant à sa primitive origine, il se compose des deux mots latins, *manu datum:* autrefois, effectivement, le mandat étoit fort souvent verbal, se donnoit sans écriture, et, pour ainsi dire, de la main à la main. [1] Le mandataire alors, pour donner au mandant une sorte de garantie et assurer la confiance qu'il devoit avoir en lui, mettoit sa main dans la sienne ; c'étoit, comme dit POTHIER [2], *Symbolum*

---

1 DESPEISSES, des contrats, du mandement, partie 1.<sup>re</sup>, sect. II, n.° 5.

2 POTHIER, Traité des contrats de bienfaisance, du contrat de mandat, n.° 1.

1

*fidei datæ;* de là l'origine du mot mandat. On donne indistinctement à ce contrat le nom de *mandat* ou *procuration.*

## ARTICLE 2.

### *De la nature du mandat.*

Le mandat naît de la confiance et des devoirs qu'elle impose : *originem ex officio atque amicitia trahit* [1]. De là deux caractères distinctifs. Le premier se trouve dans la définition même que nous donnons de ce contrat ; c'est

1.° *L'acceptation.*

Sans acceptation point de mandat ; c'est le consentement du mandataire qui le vivifie, et en fait un contrat synallagmatique. [2] Aussi la loi, pour la validité d'un mandat ou procuration, exige-t-elle avant tout, et comme formalité essentielle, que celui que l'on veut en charger l'accepte [3]; tant qu'il n'a point accepté, il n'est tenu à rien : *Obligatio mandati consensu contrahentium consistit* [4]. Ce consentement est absolument libre : *Invitus procurator non solet dari.* Nul ne l'est contre sa volonté, dit ROUSSEAUD DE LA COMBE [5], et, pour ne point exposer les intérêts des particuliers à être souvent compromis, la loi ne veut point qu'on présume le consentement du mandataire; elle veut qu'il soit prouvé : *Invitum*

---

1 L. 1, §. 4, *ff. Mand.*

2 Synallagmatique, c'est-à-dire, obligation de part et d'autre, vient du grec Συναλλαγμα. C'est un contrat *synallagmatique imparfait,* puisqu'il n'y a qu'une obligation, celle que contracte le mandataire, qui fasse l'objet du mandat. L'obligation du mandant n'est que secondaire, imparfaite ; il faut, pour qu'elle ait lieu, que le mandataire ait déboursé quelque chose, ce qui alors oblige le mandant.

3 Art. 1984, Code civ.

4 L. 1, *ff. Mand.*

5 Recueil de jurisp., mot *Procureur,* part. 1.™, sect. I, n.° 2, et L. 8, §. 1 , *ff. de procurat. et defens.* L. 17 C. *eod.*

3

*accipere debemus non eum tantum, qui contradicit, verum eum quoque, qui consensisse non probatur.*[1]

S'il est présent , *procurator constitutus coram*[2], son acceptation est prouvée par le fait même.

S'il est absent, *dari procurator et absens potest*[3], alors son acceptation peut être,

_Ou *expresse*,

Ou *tacite*.

Elle est *expresse*, lorsque le mandataire énonce d'une manière claire et positive la volonté qu'il a de se charger de l'affaire qu'on lui confie.

Elle est *tacite*[4], lorsqu'il fait un acte relatif à cette affaire, acte qui prouve évidemment cette volonté.

Ici, à l'occasion de cette acceptation, il s'élevoit autrefois une question importante et controversée, celle de savoir si, un mandataire ayant reçu une procuration et n'ayant rien fait qui prouve son acceptation, on peut conclure acceptation de sa part de ce qu'il a gardé l'acte contenant pouvoir.

Le droit canon décidoit l'affirmative relativement aux procureurs *ad lites*[5] seulement. POTHIER, dans la discussion de cette question, distingue : ou la procuration se donne au mandataire présent, ou elle lui est envoyée. Dans le premier cas, l'affirmative résulte du silence du mandataire, qui reçoit la procuration sans rien dire ( ce cas est très-rare sans doute ) : *qui tacet consentire videtur.*[6] Dans le second, POTHIER se borne à alléguer des motifs pour et contre : il termine sans rien décider, et abandonne la question à

---

1 L. 8, §. 1 , *ff. de procurat. et defens.*
2 L. 1, §. ult. *ff. de procurat. et defens.*
3 L. 1, §. 1 , *ff. eod.*
4 Art. 1985, Code civ.
5 *Cap. I, Clem. de procurat.*
6 L. 43, *de reg. jur.* Sexti Decret.

l'arbitrage des juges, qui doivent, dit-il, puiser leur décision dans les circonstances[1]. Tel est encore le parti que nous sommes réduits à suivre aujourd'hui, notre Code gardant à cet égard le silence le plus profond.

Le second caractère du mandat, dont nous ne parlons point dans notre définition, mais qui repose sur l'amitié et ses devoirs, c'est

2.° *La gratuité.*

Le Droit romain avoit consacré ce principe, puisque, suivant sa doctrine, le mandat est : *contractus consensualis, de negotio ab alio commisso gratis gerendo.*

Il étoit observé avec une rigueur excessive ; plusieurs textes de cette législation nous en donnent la preuve : *Mandatum nisi gratuitum nullum est*[2]. Voilà le principe qu'elle met en tête du mandat: La moindre rétribution faisoit de ce contrat, à ses yeux essentiellement gratuit, un contrat de louage : *Mercede constituta incipit locatio conductio esse*[3]. Ailleurs nous trouvons cette législation plus sévère encore ; elle interdit au mandataire de réclamer une rétribution que le mandant lui auroit promise en termes vagues : *Salarium incertæ pollicitationis peti non potest.*[4]

Elle faisoit cependant une exception à la sévérité de cette règle générale, en faveur des honoraires, appelés *honoraria, remunerandi gratia honor : si remunerandi gratia honor intervenerit, erit mandati actio*[5]. La différence qu'elle établissoit entre *honor, remuneratio*, et *salarium, merces*, bien saisie, fait disparoître une sorte de contradiction que semblent au premier coup d'œil présenter plusieurs textes de la loi romaine. Ce qu'elle appeloit *honor, remuneratio*, loin d'être à ses yeux un salaire, un prix

---

1 Pothier, du contrat de mandat, n.°⁸ 32 et 33.
2 L. 1, §. 4, *ff. Mand.*
3 §. 15, *I. de mand.* ; L. 1, §. 4, *ff. mand.*
4 L. 17, *C. mand.*
5 L. 6, *ff. mand.*

convenu, n'étoit qu'une gratification volontaire que le mandant pouvoit donner au mandataire, en reconnoissance des services qu'il lui avoit rendus.

Nos lois, regardant aussi le mandat comme un échange de confiance basé sur l'amitié, lui conservent le noble caractère de gratuité : « C'est le cœur, a dit un orateur du gouvernement, et non « l'argent, qui peut acquitter les dettes de la reconnoissance.[1] »

*Le mandat est gratuit* de sa nature[2]. Mais, considéré comme un office d'amitié, il peut l'être aussi comme une charge souvent pénible et environnée de désagrémens : aussi à côté de ce principe, *le mandat est gratuit*, la loi ajoute, *s'il n'y a convention contraire ;* de là la faculté accordée aux contractans de stipuler des honoraires. Sans une stipulation expresse, le mandataire n'auroit point le droit d'en réclamer, à moins qu'il ne fût dit dans sa procuration, comme c'est ordinairement l'usage, *obligeant*, etc., expression qui comprend stipulation.

Cette disposition, sans ôter au mandat un caractère que sa nature réclame, ne fait qu'en adoucir la rigueur.

## §. 2.

### *De la forme et de l'étendue du mandat.*

#### ARTICLE 1.<sup>er</sup>

##### *De la forme du mandat.*

La loi nouvelle n'exige, pour la validité d'une procuration, qu'une seule formalité : c'est *l'acceptation*. Elle laisse le mandant absolument libre de choisir, pour faire connoître sa volonté au

---

1 Expos. des mot. Rapp. de BERTRAND DE GREUILLE, sur le mandat.
2 Art. 1986, Code civ.

mandataire, le mode qui lui paroîtra le plus convenable : ainsi un mandat peut se donner, soit

1. Par acte public ;
2. Par écrit sous seing privé ;
3. Par lettre (missive) ;
4. Verbalement ;
5. Tacitement.

La forme la plus ordinaire du mandat, celle que l'on adopte généralement, c'est celle par acte public ou sous seing privé.

La procuration *par acte public* est celle qui est reçue par un notaire, avec les solennités requises. [1]

Elle peut se faire de deux manières :

1. En *minute*,
2. En *brevet*.

Elle se fait en minute, lorsqu'elle est générale et présente un certain degré d'importance [2]. Le notaire alors garde l'original, dont il délivre au constituant une copie collationnée ou expédition. Le motif de cette précaution est qu'en cas de perte de cette copie ou expédition, l'on puisse toujours avoir recours à l'original pour en obtenir une seconde. [3]

Elle se fait et se délivre en *brevet*, lorsqu'elle est spéciale et présente moins d'importance ; passée ordinairement pour être commencée de suite, elle est moins exposée à se perdre, et, l'affaire qui en fait l'objet une fois terminée, la procuration est éteinte.

Dans ces sortes de procuration en *brevet*, c'est la minute elle-même que délivre le notaire.

Ordinairement on laisse en blanc le nom du fondé de pouvoir. « L'usage, dit FERRIÈRE, a fait recevoir ces sortes de pro-
« curations, afin que, si la personne que l'on auroit envie de cons-

---

1 Art. 1317, Cod. civ.
2 FERRIÈRE, Science du parf. notaire, l. 6, chap. XI, de la procurat.
3 DÉNISART, mot *Procuration*, art. 12.

« tituer procureur, ne pouvoit ou ne vouloit accepter la procura-
« tion, on puisse la remplir du nom d'un autre, et éviter l'em-
« barras de faire faire une autre procuration. »[1]

C'est surtout aussi pour éviter au mandant des frais inutiles.

Cette sorte de procuration n'est soumise à d'autre formalité qu'à celle de l'enregistrement, formalité que la loi nouvelle, contraire à l'ancienne, autorise aujourd'hui en France. Le notaire, comme officier public, donne à la procuration qu'il fait un caractère d'authenticité; il la rend valable : l'enregistrement ne fait en quelque sorte qu'ajouter à sa validité.

La procuration *sous seing privé*, acceptée par le mandataire, reconnue par ceux auxquels on l'oppose, a la même force que l'acte authentique[2]; elle n'est soumise à aucune formalité, pas même à celle de l'enregistrement. La loi n'exige cette dernière formalité que lorsqu'un tiers refuse de la reconnoître, et lorsqu'elle doit figurer en justice ou dans un acte public; on ne peut l'alléguer qu'après son enregistrement.

Il en est de même du mandat par *lettre*, ce qu'on appelle procuration par *lettre missive*. Le constituant n'est point tenu de s'attacher à ces formules : *je constitue pour mon procureur, je donne pouvoir*, etc. Tout terme qui exprime la volonté positive qu'il a de charger un tel de la gestion de ses affaires, fait de sa lettre *une procuration en forme : Sive rogo , sive volo, sive alio quocumque verbo scripserit, mandati actio est.*[3]

La loi veut que ce terme exprime une volonté, et non un conseil, une recommandation, *quia nemo consilio obligatur.*[4]

---

1 FERRIÈRE, Dict. de droit, mot *Procuration en blanc.*

2 Art. 1322, Code civ.

3 L. 1, §. 2, *ff. Mand.*; POTHIER, du contrat de mandat., n.° 3; L. 1, § 1, *ff. de procurat.*

4 L. 2, §. 6, *ff. mand.*, et DOMAT, Lois civ., tom. I.er, l. 1, tit. 15, sect. I, art. 13, des procurations.

La procuration *verbale*, trop favorable à la mauvaise foi, est peu usitée. La loi ancienne ne la permettoit que jusqu'à la valeur de 100 livres [1]. Notre loi la permet jusqu'à celle de 150 francs; mais au-delà de ce terme elle ne reconnoît plus de preuve testimoniale [2]. Elle n'accorde alors aux parties contractantes qu'une seule ressource, celle de se déférer le serment décisoire. [3]

Dans une pareille procuration la conscience doit faire loi, et obliger le mandataire à remplir un engagement que sa parole et son honneur doivent rendre sacré.

La procuration *tacite* ou la *gestion volontaire* peut, à juste titre, être considérée comme une espèce de mandat, quoique la loi la range dans la classe des quasi-contrats; elle a beaucoup d'analogie avec lui.

Elle a lieu lorsqu'une personne se charge volontairement d'une affaire concernant une autre personne, qui en a connoissance et qui le souffre, ou qui l'ignore. [4]

Cette gestion volontaire établit, entre celui qui s'en charge et celui pour lequel il s'en charge, un véritable mandat, quant aux obligations qui en résultent : *Semper qui non prohibet aliquem pro se intervenire mandare creditur* [5]. Ajoutons encore : *Si sine mandato quisquam alienis negotiis gerendis se obtulerit; ex quâ causâ ii, quorum negotia gesta fuerint, etiam ignorantes obligantur* [6].

Les Romains donnoient à ce quasi-contrat le nom de *negotio-*

---

1 Pothier, du contr. de mand., n.° 28 ; Ordonn. de 1667, art. 2, tit. 20.

2 Art. 1341, Code civ.

3 Art. 1358, *ibid.*

4 Art. 1372, *ibid.*

5 L. 60, *de reg. jur.;* L. 6, §. 2, *ff. Mand.;* et L. 53, *ff. ead.*

6 §. 1, I. *de oblig. quæ quasi ex contract. nasc.*

*rum gestio*, qu'ils qualifioient de gestion, *qua quis negotium a domino non commissum ultro suscepit.*

Cette définition nous indique d'une manière bien claire la différence essentielle qui distingue le *mandat tacite* (*negotiorum gestio*) *du mandat ordinaire.*

Le mandat ordinaire *se donne;* la *negotiorum gestio* est *negotium non commissum.*

Dans le mandat ordinaire, le mandataire ne se charge de l'affaire qu'à la prière du mandant; *negotiorum gestio ultro suscipitur.*

Mais, s'ils diffèrent par la forme, les obligations réciproques qu'ils produisent sont absolument les mêmes. [1]

On pourroit encore rapprocher ici des mandataires ordinaires les *procuratores ad lites* des Romains, ou, comme les appelle Cicéron, *cognitores juris* [2], que nous nommons aujourd'hui *avoués*, et dont les obligations étoient encore à peu près les mêmes. Cette espèce de mandat, que nous pouvons appeler *mandat judiciaire*, différoit du mandat ordinaire en deux points essentiels :

1.º Il n'étoit point gratuit, excepté en cas de pauvreté du client [3];

2.º Toute personne ne pouvoit en être chargée [4]. Aujourd'hui les avoués, avocats, sont encore des mandataires auxquels la partie confie la défense de ses droits.

### Article 2.

### *De l'étendue du mandat.*

La Loi romaine admettoit trois sortes de procurations :
1.º Les générales ;

---

1 Art. 1371 et suiv. Code civ., et Pothier, des quasi-contr., n.º 167.

2 L. 1, *ff. de procur. et defens.*

3 Paponii *Arresta, lib.* 6, *tit.* 4, *n.º* 4, *de advoc. et procurat.*

4 A l'occasion de ces *procurator. ad lit.* voy. Pothier, du contr. de mand., n.º 123 à 167.

2.º Les spéciales ;

3.º Et celles appelées *cum libera*, ou universelles.

*Procurator vel omnium rerum, vel unius rei esse potest.* [1]

*Procurator, cui generaliter libera administratio rerum commissa est, potest exigere aliud pro alio permutare.* [2]

Cette troisième espèce de procuration transféroit au mandataire un pouvoir si absolu, que non-seulement il représentoit le mandant, mais, pour ainsi dire, il le devenoit lui-même, comme nous l'apprend CICÉRON : *hujusmodi procurator quasi et pene dominus est.* [3]

L'ancienne législation françoise avoit déjà reconnu l'abus de ces procurations illimitées ; elle les avoit supprimées. [4]

Notre Code a suivi cette disposition ; il ne reconnoît que deux sortes de mandats ; l'un *général*, l'autre *spécial* :

1.º *Général*, pour toutes les affaires du mandant ;

2.º *Spécial*, pour une affaire ou certaines affaires seulement. [5]

Le mandat général est le mandat *omnium bonorum* des Romains ; il embrasse la gestion ou l'administration de toutes les affaires du constituant.

Une personne munie d'un pouvoir général peut faire tous les actes que demande l'administration des biens de celui qui le lui a donné. Je dis *actes d'administration*, parce que c'est à ces actes que s'arrêtent les pouvoirs d'une procuration générale : un mandat, dit la loi, *conçu en termes généraux*, n'embrasse *que les actes d'administration* [6]. Comme l'observe POTHIER [7],

---

1 L. 1, §. 1, *ff. de procurat.*, et L. 9, §. 4, *ff. de acquir. rer. dominio.*

2 L. 58, *ff. de eod.*

3 CICERO, pro *Cæcinna.*

4 Dict. de droit de FERRIÈRE, mot Procuration *cum libera.*

5 Art. 1987, Code civ.

6 Art. 1988, *ibid.*

7 POTHIER, du contr. de mand., n.º 148.

« ce qui est disposition plutôt qu'administration, en excède les
« bornes. »

On entend ici par *actes d'administration*, des actes purement
conservatoires. Ainsi un procureur général peut passer des baux,
en recevoir les loyers ou fermages, exiger la rentrée des créances
du mandant, poursuivre ses débiteurs, déférer le serment en justice, payer ce qui est dû : tels sont en abrégé les pouvoirs ren-
fermés dans une procuration générale, et tout ce qui est acte d'aliénation, acte dispositif de propriété, en dépasse les bornes. *Procu-*
*rator totorum bonorum, cui res administrandæ sunt, res do-*
*mini, neque mobiles , vel immobiles, neque servus sine speciali*
*domini mandato, alienare potest.* [1]

La loi fait cependant exception à la règle qui défend au
mandataire général de vendre, lorsqu'il est dépositaire des fruits
ou autres choses que le temps pourroit facilement corrompre :
*nisi fructus aut alias res quæ facile corrumpi possunt.* [2]

Le mandat spécial, *unius rei*, ne comprend que la gestion d'une
seule affaire, qui est déterminée : ses bornes sont resserrées ; le
mandataire doit s'y arrêter et ne rien faire au-delà.

*Procurator sese sistere vel operam dare citra mandatum spe-*
*ciale non potest.* [3]

Tout ce qui emporte acte de propriété, acte d'aliénation, doit
être exprimé en termes formels, et, par conséquent, faire l'objet
d'une procuration spéciale[4] : *Id quod nostrum est, sine facto nos-*
*tro ad alium transferri non potest.* [5]

---

1 *L. 63, ff. de procurat.*; *L. 16, Cod. eod.*

2 *L. 63, ff. de procurat.*; Ferrière, Dict. de droit, mot *Procuration génér.*

3 Papon. *Arresta, lib.* 6, *t.* 4, *n.°* 3, *de advoc. et procurat.*

4 Art. 1988, Cod. civ.

5 *L.* 11, *de reg. jur.*, *L.* 16. *C. de procurat.*, *et L.* 63, *ff. eod.*

Voici encore quelques cas particuliers où la loi ne reconnoît point un pouvoir général, mais en veut un spécial.

1. Un mandataire qui par sa procuration est autorisé à faire des poursuites pour certaines actions, ne peut transiger sur ces mêmes actions, s'il n'en a le pouvoir exprès.

*Transiger*, c'est renoncer plus ou moins à un droit quelconque : cela devient donc un acte de propriété et non d'administration. [1]

Il ne peut non plus hypothéquer les biens du mandant : *hypothéquer*, c'est engager un bien ; c'est encore un acte de propriété. [2]

2. Un mandataire chargé de poursuivre le paiement d'une dette, ne peut, sans un pouvoir spécial, valablement toucher ce paiement. Dénisart cite à ce sujet deux arrêts [3] qui avoient jugé qu'un débiteur n'avoit pas valablement payé ce qu'il devoit, en payant à un mandataire chargé d'une procuration à l'effet de poursuivre ce qui étoit dû, et cela parce que sa procuration ne portoit pas pouvoir de *toucher*. Cette jurisprudence nous paroît un peu sévère.

3. Un mandataire revêtu d'une procuration générale ne peut accepter une donation faite au mandant, s'il n'en a le pouvoir exprès, ou un pouvoir général d'accepter toutes les donations qui pourroient être faites au mandant. [4]

4. Une procuration générale ne peut jamais s'étendre aux demandes criminelles qui s'intentent par la voie de plainte : dans une affaire qui regarde aussi personnellement la partie plaignante, elle seule ou son procureur spécial peut signer la plainte. [5]

---

1 Art. 2045, Cod. civ., et L. 13, *ff. de transact.*

2 Art. 1988, Cod. civ.

3 Dénisart, mot *Procurat.*, art. 4, et *Paiement*, art. 20, cite un arrêt du 18 Août 1749, rendu en la cinquième chambre des enquêtes ; arrêt du 8 Février 1748, rendu au Châtelet par sentence sur appointement.

4 Art. 933, Cod. civ., et art. 5 de l'ord. de 1731.

5 Pothier, du contr. de mand., n.° 154, et l'ordonn. de 1670, tit. 3, art. 4.

5. Un mandataire qui, par sa procuration, a pouvoir de transiger, n'a pas celui de compromettre. [1]

Pour comprendre cette disposition de la loi, il suffit d'avoir une idée précise de ce qu'elle entend par *transiger*, de ce qu'elle entend par *compromettre*.

*Compromettre*, c'est un moyen ou de prévenir ou de terminer une contestation, en ayant recours pour cela à des arbitres, au jugement desquels on se rapporte. [2]

*Transiger*, c'est arriver au même but, mais en prenant son propre jugement pour arbitre. [3]

La différence de ces deux mots bien saisie, on sentira aisément qu'un mandataire, qui a le pouvoir de terminer par lui-même une contestation, ne peut avoir celui de l'abandonner au jugement d'arbitres : il a la confiance du constituant, des arbitres l'auroient-ils ?

# CHAPITRE II.

## *Des personnes qui peuvent donner ou recevoir le mandat.*

### §. 1.er

#### *Des personnes qui peuvent le donner.*

Tous ceux à qui la loi permet de gérer eux-mêmes leurs propres affaires, peuvent à leur tour en confier à d'autres la gestion.

Un mandataire n'est que l'organe du mandant.

De là,

1. Les mineurs,

---

1 Art. 1989, Code civ.

2 Art. 1003 et suiv., Code de proc.; Dénisart, mot *Compromis*.

3 Art. 2044, Code civ.

2. Les interdits,

3. Les femmes mariées,

Déclarés par la loi incapables de gérer leurs affaires et de former par eux-mêmes aucun engagement, ne peuvent donner une procuration.[1]

La loi établit cependant deux exceptions en faveur du mineur émancipé, et de la femme mariée qui est marchande publique.

Le premier, ayant l'administration de ses biens, peut aussi donner toute procuration de pure administration.[2]

La seconde, comme marchande publique, peut donner toute procuration qui concerne les affaires de son négoce.[3]

Notre loi, conforme à la loi romaine, permet au sourd et muet qui sait écrire ou s'exprimer par signes, de constituer un fondé de pouvoir[4] : *Mutus et surdus per eum modum, qui procedere potest, procuratorem dare non prohibetur*[5] ; parce qu'alors il peut manifester sa volonté : cela suffit aux yeux de la loi.

S'il ne sait ni écrire ni s'exprimer par signes, il est rangé dans la classe du majeur interdit[6], et par conséquent privé de la faculté de donner un mandat.

### §. 2.

### *Des personnes qui peuvent le recevoir.*

La loi nouvelle accorde au constituant, dans le choix de son mandataire, la liberté la plus illimitée : elle ne voit, en effet, dans le mandat qu'un contrat dicté par la confiance et conduit par

---

1 Art. 1123, *confer.* art. 217, 509 et 450, Cod. civ.; et L. 2, §. 1, *ff. de proc.*

2 Art. 481, Code civ.

3 Art. 220, *ibid.*

4 ROUSSEAUD DE LA COMBE, mot *Procureur*, sect. I, n.° 1 ; art. 936, Cod. civ.

5 L. 43, *ff. de procurat.*

6 DÉNISART, mots *Sourd et Muet*, art. 1 ; art. 936, Cod. civ.

l'amitié ; or, le commettant, comme l'observe un orateur du Gouvernement[1], « ne peut être soumis, dans le choix de son man-« dataire, à d'autre règle qu'à celle de sa confiance. »

Notre Code s'attache si fort à ce principe, que, sans considérer l'incapacité comme incompatible avec les fonctions de mandataire, il permet de l'être aux mineurs émancipés et aux femmes même sans l'autorisation de leur mari.

Cette disposition, basée sur la nature du mandat, ne peut bles-ser les intérêts du mineur, de la femme mariée, ou ceux de son époux : elle fait retomber sur le mandant seul les suites d'une confiance hasardée, en ne lui accordant d'action contre ces der-niers que d'après les règles générales relatives aux obligations des mineurs, et à celles établies au titre du contrat de mariage.[2]

La loi veut que le mineur soit émancipé : un mineur, encore sous l'autorité de son tuteur, ne peut rien faire par lui-même, ni par suite gérer l'affaire d'un autre.

Autrefois celui qui avoit dix-sept ans complets, pouvoit être mandataire.[3]

La loi nouvelle éloigne avec raison de cette fonction les furieux, ceux qui sont en démence[4] : *Furiosus non est habendus absentis loco.*[5]

Elle en éloigne encore les prodigues, relativement à certaines affaires seulement.[6]

---

1 Exposé des motifs; Rapp. de M. TARRIBLE.

2 Art. 1990, Code civ.

3 DESPEISSES, du mandement, sect. I, n.° 1, et ROUSSEAUD DE LA COMBE, Recueil de jurisp., mot *Procur.*, sect I, n.° 1.

4 Art. 489, Code civ.

5 L. 2, §. 1, *ff. de procurat.*

6 Art. 513, Code civ.

# CHAPITRE III.

## *Des obligations et des devoirs réciproques que fait naître le mandat.*

### §. 1.er

#### *Des obligations du mandataire.*

Le législateur moderne accorde à toute personne la faculté, absolument libre, d'accepter ou de refuser une procuration; mais, une fois acceptée, il veut qu'elle soit remplie et accomplie avec une scrupuleuse exactitude[1]. La loi romaine déjà consacroit ce principe : *Mandatum non suscipere cuilibet liberum est, susceptum autem consummandum est.*[2]

Par l'acceptation du mandat, le mandataire contracte un double engagement : celui de l'accomplir, en lui consacrant tous les soins qu'il demande; celui de rendre compte au mandant, sa gestion terminée.

Ainsi, gérer et bien gérer, première obligation du mandataire; rendre compte de cette gestion, deuxième obligation.

### ARTICLE 1.er

#### *De l'obligation de gérer et de bien gérer.*

La loi veut, en premier lieu, que le mandataire gère l'affaire dont il s'est chargé : à cet effet, elle le rend responsable de son inexécution[3]. Elle ne s'arrête point là; elle veut encore qu'il gère de bonne foi, qu'il apporte à sa gestion tous les soins d'un bon père de famille[4]. Enfin elle fait retomber sur lui non-seulement le dol,

---

1 Art. 1991, Code civ.
2 §. 11, *I. de mand.;* et L. 17, *Cod. de procurat.*
3 Art. 1991, Code civ.
4 Art. 1374, Code civ.

mais même les fautes qu'il commet : *A procuratore dolum et omnem culpam, non etiam improvisum cæsum præstandum esse, juris auctoritate manifeste declaratur.* [1]

La loi romaine distinguoit trois sortes de fautes : *culpa lata, levis, levissima.* La première, *culpa lata,* la plus forte, étoit toujours à la charge du mandataire. Quant aux deux autres, il y avoit lieu à distinction : si l'affaire, par son importance, exigeoit de la part du mandataire un soin tout particulier, il devenoit responsable de ce qu'on appeloit *levissima culpa;* si, présentant peu d'importance, l'affaire ne demandoit qu'un soin ordinaire, il n'étoit alors responsable que de ce qu'on appeloit *levis culpa.* [2]

Notre Code, sans s'arrêter à cette différence établie par le droit romain, se borne à dire : le mandataire répond *des fautes* qu'il commet.

Je crois cependant cette distinction encore applicable aujourd'hui; la justice la réclame.

Une autre distinction, que la gratuité essentielle du mandat défendoit à la loi romaine d'admettre, notre loi l'admet ici. Elle distingue le mandataire salarié de celui qui ne l'est pas : si le mandataire est salarié, le mandant a le droit d'attendre de lui un soin plus particulier dans l'affaire qu'il lui a confiée, et une faute légère, s'il n'eût point eu de salaire à attendre, devient ici pour lui une faute grave; elle doit alors aussi lui être plus rigoureusement appliquée. [3]

Quant au dol, « il ne doit jamais trouver grâce devant la loi » (a dit un orateur du Gouvernement [4]): *Illud nulla ratione effici potest, ne dolus præstetur* [5]. Rien, en effet, ne peut rendre excu-

---

1 Art. 1992, Code civ.; L. 13, *C. mand.*; et L. 10, §. 1, *ff. eod.*

2 POTHIER, du contrat de mand., n.° 49.

3 Art. 1992, Code civ.

4 Exp. des mot.; Rapp. de M. TARRIBLE.

5 L. 27, §. 3, *ff. de pactis;* art. 1992, Code civ.

sable un mandataire qui a agi avec dol ; c'est un homme de mauvaise foi, et l'intérêt du constituant appelle sur lui toute la sévérité de la loi.

L'ancien législateur ne rendoit point le mandataire responsable du *cas fortuit : non etiam improvisum casum præstandum esse declaratur*[1]. Notre Code ne dit rien à cet égard ; mais, en conférant les art. 855 et 1302, on voit qu'il suit le principe de droit, *casus a nemine præstatur*, et par-là décharge le mandataire du cas fortuit.

Le mandataire peut en devenir responsable ; ce qui a lieu lorsqu'il veut s'en charger et prendre l'affaire à ses risques et périls.

L'ancienne jurisprudence françoise, conforme à la loi romaine, reconnoissoit une pareille stipulation[2]. Notre Code ne révoque point cette disposition.

Dans le mandat les substitutions sont permises : ce principe est celui de toutes les législations.

La loi romaine les permettoit : mais à ses yeux le mandataire n'étoit point par-là délié de ses engagemens ; il répondoit de celui qu'il s'étoit substitué. *Si quis mandaverit alicui gerenda negotia ejus qui ipse sibi mandaverat, habebit mandati actionem, quin et ipse tenetur.*[3]

Notre Code les permet encore ; mais, quant à la responsabilité du mandataire, il établit cette distinction :

Ou le pouvoir de substituer n'est point compris dans le mandat ;

Ou ce pouvoir y est compris, mais d'une manière générale et sans désignation de personne.

Dans le premier cas, point de doute ; le mandataire doit répondre de celui qu'il s'est substitué contre le vœu du constituant:

---

1 ROUSSEAUD DE LA COMBE, Rec. de jurisp., mot *Procureur*, sect. II, n.° 6.
2 *Ibidem;* et L. 39, *ff. mand.;* L. 22, *C. de neg. gest.*
3 L. 8, §. 3, *ff. mand.;* L. 28, *eod. de neg. gest.;* L. 21, §. *ult. eod.*

dans le second, la loi ne l'en rend responsable que lorsqu'il a fait choix d'une personne notoirement incapable. [1]

Les motifs de cette liberté accordée au mandataire sont, que l'exécution d'une affaire d'une vaste étendue seroit souvent trop pénible, quelquefois même impossible, si le mandataire ne pouvoit alors associer à sa gestion d'autres personnes.

On élevoit autrefois la question de savoir, s'il y avoit solidarité entre plusieurs mandataires chargés par le même acte de la gestion d'une affaire.

Les anciens jurisconsultes varioient dans leurs décisions. Les uns, tels que DOMAT [2], POTHIER [3], DÉNISART [4], étoient pour l'affirmative; ils partoient de ce texte de la loi romaine : *Duobus quis mandavit negotiorum administrationem; quæsitum est, an unusquisque mandati judicio in solidum teneatur ? respondi unumquemque pro solido conveniri debere.* [5]

D'autres, tels que FERRIÈRE [6], ROUSSEAUD DE LA COMBE [7], se fondant sur la Nov. 99, soutenoient la négative : *Si quis enim altera fidejussione obligatos sumat aliquos, siquidem non adjecerit, oportet et unum horum in solidum teneri, omnes ex æquo conventionem sustinere.*

L'art. 1995, par une disposition à la fois juste et sage, met un terme à toutes ces difficultés. *Il n'y a de solidarité*, nous dit-il, *entre plusieurs fondés de pouvoirs établis par le même acte, qu'autant qu'elle est exprimée.* Le mandat étant un acte officieux,

---

1 Art. 1994, Code civ.

2 Lois civ., t. 15, sect. III, art. 13, des procurat.

3 Du contr. de mand., n.° 16.

4 Arrêt du grand Conseil, du 23 Septembre 1735, rapporté par DÉNISART, mot *Solidité*, art. 15.

5 L. 60, §. 2, *ff. mand.*

6 Dict. de droit, mot *Solidité*.

7 Recueil de jurisp., mot *Proc.*, sect. II, n.° 5.

souvent gratuit, il seroit injuste de vouloir, sans stipulation expresse, ajouter aux obligations déjà multipliées que la loi impose à des comandataires, une responsabilité réciproque et solidaire.

## ARTICLE 2.

### De l'obligation de rendre compte de sa gestion.

Le mandataire qui a bien géré, n'a point encore, aux yeux de la loi, rempli son ministère, s'il ne rend compte au mandant de sa gestion : *Procurator in cæteris quoque negotiis gerendis, ita et in litibus, ex bona fide, rationem reddere debet*[1]. Rien ne peut l'en dispenser; il doit faire raison au mandant, dit la loi, de tout ce qu'il a reçu en vertu de sa procuration, comme il doit lui rendre compte de toutes les dépenses qu'il a faites.

Ce compte doit donc être composé,

1. Des recettes,

2. Des dépenses.

1.º *Des Recettes.* Dans la classe des recettes se rangent toutes les sommes ou choses que le mandataire a reçues; celles même qu'il eût pu recevoir, et quelquefois encore les intérêts de ces sommes.

Le mandataire doit faire raison au mandant de toutes les sommes, choses, profits, en un mot, de tout ce qui est le fruit de sa gestion[2] : *quia bonæ fidei hoc congruit, ne de alieno lucrum sentiat*[3]. Il doit lui en faire raison, quand même ce qu'il auroit reçu n'eût point été dû au mandant[4]. Cette dernière disposition nous prouve quelle exactitude scrupuleuse notre loi exige du mandataire dans le compte qu'il rend de sa gestion. En effet, en payant

---

[1] Art. 1993, Code civ.; et L. 46, §. 4, *ff. de procurat.*

[2] DOMAT, Lois civ., l. 1.ᵉʳ, sect. III, art. 8.

[3] L. 10, §. 3, *ff. mand.*

[4] Art. 1993, Cod. civ.

même ce qui n'étoit point dû, c'est le mandant seul qu'on avoit intention de payer; c'est donc à lui seul qu'il en doit être fait raison.

En seconde ligne des recettes viennent les sommes, choses ou
intérêts, qui, par la faute du mandataire, ne sont point parvenus au
mandant.

Dans ce cas il devient son débiteur pour toutes les sommes
que sa négligence a pu lui faire perdre : *a procuratore culpa præstanda est*[1]. Il doit encore au mandant non-seulement les intérêts
des capitaux placés, mais encore ceux qui, par sa faute, ne sont
point rentrés. *Usuras pecunia aliena perceptas præstabimus, et
etiam quas percipere potuimus.*[2]

Quelquefois, enfin, le mandataire doit au constituant les intérêts
des sommes qu'il a touchées pour lui. La loi prévoit deux cas où
cela a lieu.

1. S'il a employé ces sommes à son usage, s'il les a fait valoir,
rien de plus juste alors que de lui faire rembourser au mandant
des intérêts qu'il a lui-même retirés. *Si pecuniam meam fœnori
dedit, usurasque consecutus est, consequenter dicemus debere
eum præstare quantumcumque emolumentum sensit.*[3]

2. S'il a été mis en demeure de les faire toucher au mandant,
il en doit alors les intérêts du jour qu'il a été mis en demeure,
ou du jour qu'il a été constitué judiciairement en retard[4]. *Si
procurator meus pecuniam meam habeat, ex mora utique usuras mihi pendet.*[5]

Ces deux cas exceptés, la loi ne l'oblige point à payer des intérêts

---

1 L. 13, *C. mand.*; L. 3, *ff. eod.*; et §. 8, I. *de mand.*; Pothier, n.° 51.

2 Rousseaud de la Combe, Recueil de jurisp., mot *Procur.*, sect. II, n.° 3;
et L. 19, §. 4, *ff. de neg. gest.*

3 L. 10, §. 3, *ff. mand.*; L. 20, *ff. eod.*

4 Art. 1996, Code civ., et Dict. de droit de Ferrière, mot *Demeure*; Despeisses, du mandement, part. 1, sect. III, n.° 4.

5 L. 10, §. 3, *ff. mand.*

àu mandant pour les sommes dont il a été réliquataire; c'étoit à ce dernier à réclamer plus tôt ce qui lui revenoit, et la loi suit la règle de droit : *nulla intelligitur mora ibi fieri, ubi nulla peti-tio est.*[1]

2.° *Des Dépenses.* Dans la classe des dépenses se rangent toutes les sommes que le mandataire a été obligé de payer ou de débourser pour l'exécution de son mandat ; car, le mandant étant tenu de les lui rembourser, il est important pour lui de les connoître, et de juger si elles étoient nécessaires, si le mandataire n'eût pu les restreindre, enfin s'il n'eût pu les éviter : ces différentes considérations modifient et changent les obligations que la loi impose au mandant, comme nous le verrons dans l'analyse de ces obligations.

Nous terminerons les obligations du mandataire par une disposition importante et fondée sur la justice. Le mandataire, dit la loi, n'est tenu d'aucune garantie, si, après avoir donné au tiers, avec lequel il contracte, une connoissance suffisante de ses pouvoirs, il les a enfreints[2]. En effet, le tiers ayant pris ou dû prendre connoissance des pouvoirs de ce mandataire, il en connoît l'étendue, il en connoît les bornes; tout ce qui se fait au-delà, si le tiers le souffre et le ratifie, il partage la faute du mandataire, il l'autorise pour ainsi dire : la loi veut alors que cette faute ne retombe que sur lui, et que toute action en garantie lui soit interdite. Le cas seroit différent, si le mandataire s'étoit soumis personnellement à la garantie.

## ARTICLE 3.

*De l'action qui naît des obligations du mandataire.*

La loi, pour garantir au mandant l'exécution de son mandat, lui donne contre le mandataire une action personnelle ; les Romains

---

1 L. 88 , *ff. de reg. jur.*
2 Art. 1997, Code civ.

appeloient cette action, *actio directa mandati : mandati actio tunc competit cum cœpit interesse ejus qui mandavit*[1]. Ils l'appeloient *directe*, parce que l'obligation pour l'exécution de laquelle elle compète au mandant, est l'obligation *principale, directe*, du mandat.

Cette action, accordée au mandant contre le mandataire, comme contre ses héritiers, ne s'éteint pas par la mort du mandant, mais elle passe aussi à ses propres héritiers.[2]

Lorsque le mandataire s'est substitué quelqu'un dans tout ou partie de ses fonctions, le mandant a le droit d'agir directement (*actione directa*) contre la personne substituée, comme il conserve celui d'agir encore contre le mandataire, dans les deux cas prévus par l'article 1994, et dont nous avons parlé ci-dessus. C'est alors au mandataire à former son recours contre son substitué.[3]

La loi romaine qualifioit encore l'action directe d'*actio famosa*, parce qu'elle vouoit à l'infamie le mandataire qui succomboit.[4] Nos mœurs comme nos lois ont proscrit ces sortes d'actions, qui déjà dans l'ancien Droit françois n'existoient plus.[5]

§. 2.

### *Des obligations du mandant.*

Les obligations sans nombre qui se rattachent au mandat, en feroient sans doute redouter l'acceptation, si la loi, pour donner à la gestion du mandataire une sorte de garantie, n'imposoit au mandant des obligations réciproques et sacrées.

---

1 L. 8, §. 6, *ff. mand.*

2 Art. 724, Code civ.; Pothier, du contr. de mand., n.° 64, et Dict. de droit de Ferrière, mots *Actions pers.* et *Contrats nommés.*

3 L. 8, §. 3, *ff. mand.*

4 L. 6, §§. 5 et 6, *ff. de his qui not. infam.*

5 Pothier, du contr. de mand., n.° 65.

Elle lui en impose trois principales :

1.° L'obligation d'exécuter les engagemens contractés par le mandataire ;

2.° De le rembourser ;

3.° De l'indemniser.

## ARTICLE 1.ᵉʳ

### De l'obligation d'exécuter les engagemens contractés par le mandataire.

Le mandataire, dans sa gestion, représente le mandant ; tous les engagemens qu'il contracte, conformément au pouvoir qui lui a été donné, obligent le mandant, comme si lui-même les avoit contractés. La loi lui fait un devoir de les ratifier et de les exécuter [1], même dans le cas où l'affaire n'auroit pas de succès. « Il suf-« fit, dit POTHIER[2], que le mandataire ait contracté l'obligation « pour l'affaire dont il s'est chargé, et que cette affaire l'exigeât. »

Les obligations du mandant s'éteignent toutes, si le mandataire n'a point agi, comme le veut la loi, *conformément au pouvoir qui lui a été donné ;* ajoutons, et que ce soit par sa faute.

De là trois cas qui dégagent le mandant :

1.° Ou le mandataire ne remplit point le but de son mandat ;

2.° Ou il le remplit mal ;

3.° Ou bien il en franchit les bornes.

Dans ces trois cas le mandant n'est point tenu de remplir les engagemens qu'a formés son mandataire ; ces engagemens, où sa volonté n'a point participé, sont absolument *nuls. Diligenter fines mandati custodiendi sunt, nam qui excessit, aliud quid facere videtur.*[3]

---

1 Art 1998, Code civ.; DOMAT, Lois civ., l. 1.ᵉʳ, sect. II, art. 1, des procurat.; L. 3 et 45, §. 5, *ff. mand.*

2 POTHIER, du contr. de mand., n.° 81.

5 L. 5, *ff. mand.;* et SERRES, Institutions de Droit fr., §. 8, *h. t.*

La loi cependant le laisse libre de les ratifier. Il peut le faire *expressément* ou *tacitement :*

*Expressément,* en les reconnoissant comme conformes à sa volonté;

*Tacitement,* en les remplissant.

Cette ratification décharge alors le mandataire, et oblige le mandant.

## ARTICLE 2.

### *De l'obligation de rembourser le mandataire.*

Une seconde obligation du mandant, c'est de rembourser le mandataire de toutes les dépenses, de toutes les avances qu'il a été dans le cas de faire, comme disoit la loi romaine, *ex causa mandati et ex bona fide*[1]. Dans les dépenses on comprend non-seulement les sommes qu'il a déboursées pour l'exécution de son mandat, mais encore tous les frais que le paiement de ces sommes a pu occasioner[2]. *Impendia mandati exequendi gratia facta, si bona fide facta sunt, restitui omnino debent*[3]; la loi romaine ajoutoit : *nec ad rem pertinet, quod is qui mandasset, potuisset, si ipse negotium gereret, minus impendere.*[4]

Notre Code consacre cette disposition, en exigeant aussi que le mandant rembourse son mandataire, dans le cas où l'affaire qu'il a gérée à titre de mandat n'eût point réussi; mais il faut pour cela qu'*il n'y ait aucune faute imputable au mandataire*[5], c'est-à-dire, qu'on ne puisse en accuser ni ses soins ni sa bonne foi. *Sumptus, bona fide, necessario factos, et si negotio finem adhibere procurator non potuit, judicio mandati, restitui necesse est.*[6]

---

1 Art. 1999, Code civ.

2 POTHIER, du contr. de mand., n.° 69.

3 L. 27, §. 4, *ff. mand.*

4 *Ibidem.*

5 Art. 1999, Code civ.

6 L. 56, §. 4, *ff. mand.;* L. 4, *C. eod.;* ROUSSEAUD DE LA COMBE, Rec. de jurisp. mot Proc., sect. III, n.° 1.er

Pour assurer davantage encore au mandataire le remboursement plein et entier, la loi défend au mandant de faire subir une
réduction *aux frais et avances* qu'a faits son mandataire, *ex causa
mandati*, raisonnablement et de bonne foi, sous prétexte qu'ils
eussent pu être moindres[1] : je dis, *ex causa mandati, raisonnablement et de bonne foi;* car si ces dépenses n'étoient point nécessaires et utiles, si elles étoient excessives ou de luxe, il y auroit
alors de la part de ce mandataire mauvaise foi (*dolus*) ou négligence (*culpa*), et la loi ne lui permet, dans ce cas, de répéter que
ce qu'il auroit dû dépenser. *Si quis negotia aliena gerens plus
quam oportet impenderet, recuperaturum eum id quod præstari
debuerit.*[2]

### Article 3.

### De l'obligation d'indemniser le mandataire.

Enfin, une dernière obligation du mandant, c'est d'indemniser
le mandataire de toutes les pertes qu'il a pu éprouver en lui ren-
dant service : *ex mandato apud eum, qui mandatum suscipit, nihil
remanere oportet, sicuti nec damnum pati debet.*[3]

Ici, comme à l'égard des frais et dépenses, la loi exige que ces
pertes ne puissent être attribuées, soit à la négligence, soit à l'im-
prudence du mandataire, mais qu'elles proviennent uniquement
*ex causa mandati*. Au sujet de ces pertes *ex causa mandati*, les
anciens jurisconsultes distinguoient encore, si la gestion de l'affaire
avoit été la cause première et unique de la perte, comme s'il y avoit
eu danger apparent de s'en charger. Dans ce cas ils décidoient
qu'il y avoit lieu à indemnité. Mais si, au contraire, l'affaire n'avoit
été que l'occasion de la perte, si l'acceptation du mandat n'avoit

---

1 Art. 1999, Code civ.

2 L. 25, *ff. de neg. gest.;* Rousseaud de la Combe, Rec. de jurisp., mot *Proc.*,
sect. III, n.° 1.<sup>er</sup>

3 Art. 2000, Code civ., et L. 20, *ff. mand.*

nullement exposé le mandataire, mais qu'un événement imprévu seul eût été la cause première de la perte, *hoc magis casibus imputari oportet quàm mandato*, disoient-ils ; et de là ils concluoient qu'il n'y avoit point lieu à indemnité, d'après la loi, mais que cependant l'humanité et la bienséance sembloient faire un devoir d'indemniser ce mandataire. C'est du moins l'avis de Pothier[1], de Dénisart[2] et de Leprestre[3]. D'autres auteurs, tels que Despeisses, Rousseaud de la Combe[4], Serres[5], sont d'un avis contraire, et, sans établir aucune distinction, ils décident que le mandataire doit toujours être indemnisé, que son mandat soit ou la cause ou l'occasion de la perte qu'il a éprouvée.

Notre Code consacre ce principe, et ne laisse à cet égard aucun doute : le mandant, nous dit-il, doit indemniser le mandataire des pertes que celui-ci a essuyées *à l'occasion* de sa gestion.[6]

Le mandant doit encore rembourser au mandataire les intérêts des avances qu'il a été obligé de faire, et ces intérêts courent du jour qu'elles sont justifiées avoir été faites. *Non tantum quod impendi, verum usuras quoque consequar.*[7]

Enfin, par une dernière disposition, notre loi, pour assurer à un mandataire constitué, pour la même affaire, par plusieurs personnes, l'exécution entière de ces différentes obligations, établit de plein droit *solidarité* entre elles.[8]

---

1 Pothier, du contr. de mand., n.° 76.

2 Dénisart, mot *Mandat*, art. 9.

3 Leprestre, chap. XVI, Centur. 1.ʳᵉ quest. Il cite à ce sujet plusieurs arrêts.

4 Rec. de jurisp., mot *Proc.*, part. 1.ʳᵉ, sect. III; il cite un arrêt du 12 Juillet 1585 et des auteurs du même avis.

5 Instit. de Dr. fr., t. 27, §. 13, *de mandato*. Il cite aussi un arrêt affirmatif du 21 Juillet 1717.

6 Art. 2000, Code civ.

7 Art. 2001, *ibidem*, et *L.* 12, §. 9, *ff. mand.; L.* 13, *C. de usuris.*

8 Art. 2002, Code civ.

Cette solidarité légale, absolument conforme à celle que la loi établit entre plusieurs personnes qui ont conjointement emprunté la même chose[1], est puisée dans le Droit romain, qui nous dit : *Unum ex mandatoribus in solidum eligi posse, etiam si non sit concessum in mandato.*[2]

Cette disposition, contraire à celle de l'art. 1995, qui veut qu'entre plusieurs comandataires la solidarité n'ait lieu qu'autant qu'elle est exprimée, n'implique cependant point contradiction avec elle. L'extrême différence qui distingue un comandataire d'un comandant, celui qui rend le service de celui qui le reçoit, devoit nécessairement se reproduire dans les obligations que la loi impose à l'un et à l'autre, et en varier les effets. Ainsi notre Code, en établissant que chacun des comandans est tenu solidairement envers le mandataire de tous les effets du mandat, « ne fait (dit un orateur « du Gouvernement) que sanctionner le devoir que leur imposoit « d'avance la loyauté et la reconnoissance.[3] »

## ARTICLE 4.

### *De l'action qui naît des obligations du mandant.*

La loi, comme nous l'avons vu, accorde au mandant, pour l'exécution de son mandat, une garantie ; le mandataire en réclamoit une à son tour, qui lui assurât l'accomplissement des obligations imposées au mandant envers lui : à cet effet, la loi lui donne contre son mandant une action que les Romains appeloient *actio contraria*, en opposition à l'action *directa*.

Cette action lui donne le droit de poursuivre son mandant, pour en obtenir, au besoin, décharge, remboursement et indemnité.[4]

---

1 Art. 1887, Code civ., et §. 4, *I. de fidejussor.*
2 L. 59, §. 3, *ff. mand.*
3 Exp. des mot. Rapp. de M. TARRIBLE.
4 POTHIER, du contr. de mand., n.° 82.

S'il a été constitué par plusieurs comandans, la loi les dé-
clarant *solidaires* de plein droit, il peut intenter son action contre
chacun d'eux, sans distinction. Cette action, comme celle du
mandant, passe à ses héritiers, et lui est accordée contre ceux de son
constituant. Autrefois le mandataire avoit aussi pour cette action
une hypothèque sur les biens du mandant, lorsque la procuration
étoit par acte devant notaire[1]. Ceci n'a plus lieu aujourd'hui, le
nouveau système hypothécaire exigeant l'inscription, pour qu'il
y ait hypothèque.

## CHAPITRE IV.

### *Des différentes manières dont le mandat finit.*

Les causes qui mettent fin au mandat, se rattachent toutes à la
nature et au caractère de ce contrat.

Le Code en distingue trois principales :

1.° La révocation du mandataire ;

2.° La renonciation de celui-ci au mandat ;

3.° La mort naturelle et civile, et l'interdiction, soit du mandataire, soit du mandant.

Nous pourrions encore ajouter à ces trois causes principales,
une quatrième et dernière : la prescription.

### §. 1.er

### *De la révocation du mandataire.*

Au premier rang des modes d'extinction du mandat se place la
*révocation* du mandataire. La volonté, suite de la confiance,
forme le mandat ; si elle s'éteint, le mandat doit nécessairement
s'éteindre avec elle, et le mandant être libre de retirer la gestion
de ses affaires à celui en qui il n'a plus de confiance : *Extinctum*

---

[1] Pothier, du contrat de mand., n.° 86.

*est mandatum finita voluntate*[1]. Aussi notre Code, à cet égard, laisse-t-il au mandant une liberté sans bornes, en lui permettant de révoquer la procuration *quand bon lui semble*[2], ce qui veut dire, en tout état de cause.

Cette révocation peut avoir lieu, soit avant l'entrée en fonctions du mandataire, soit après.

Dans le premier cas, dès l'instant que cette révocation est connue du mandataire, ses pouvoirs s'éteignent : *Recte quoque mandatum contractum, si dum adhuc integra res sit revocatum fuerit, evanescit.*[3]

Dans le second, cette révocation dès ce moment aussi les éteint; mais elle est sans effet quant aux engagemens déjà contractés par le mandataire, et le mandant en est tenu, tant à l'égard du mandataire, qu'à l'égard des tiers qui sont de bonne foi.[4]

Mais la loi veut dans tous les cas que le changement de volonté du mandant soit connu du mandataire; de ce jour seulement date la révocation, et tout ce qu'il feroit dans cette ignorance obligeroit encore le mandant.[5]

La révocation du mandataire peut se faire de deux manières :

1. *Expressément*,

2. *Tacitement.*

Elle se fait *expressément*, lorsque le mandant notifie au mandataire son changement de volonté; révocation formelle.

La loi, pour en assurer l'effet, et empêcher qu'un mandataire, même révoqué, ne pût encore abuser d'un titre qu'il tient en

---

1 Art. 2003, Code civ.; L. 12, §. 16, *ff. mand.*

2 Art. 2004; et Domat, Lois civ., l. 1, t. 15, sect. IV, art. 1, des Procurat.

3 §. 9, I. *de mandato.*

4 Art. 2009, Code civ.; Pothier, du contr. de mand., n.º 121; Serres, Instit. de Dr. fr., t. 27, §. 9, *de mand.*

5 Art. 2008, Code civ.

main, permet au mandant de le contraindre, s'il y a lieu, à lui remettre l'acte qui renferme sa procuration. [1]

Elle se fait *tacitement*, ou se présume, lorsqu'elle résulte évidemment de faits positifs et palpables; c'est ainsi que la constitution d'un nouveau mandataire, pour la même affaire, vaut révocation du premier : *Qui dedit diversis temporibus procuratores duos, posteriorem dando, priorem prohibuisse videtur.* [2]

Cette révocation tacite ne dispense point le mandant d'en donner avis au mandataire; elle ne vaut que du jour où elle lui a été notifiée [3]. Elle doit l'être encore aux tiers-contractans; car, notifiée au mandataire seul, le mandant n'a pas le droit de l'opposer aux tiers-contractans : ils sont censés l'ignorer; mais, dans ce cas, la loi lui donne un recours contre son mandataire de mauvaise foi, pour en être indemnisé. [4]

De cette disposition de notre Code, *la constitution d'un nouveau mandataire pour la même affaire vaut révocation du premier*, découlent plusieurs conséquences : nous supposons toujours deux procurations données successivement à deux personnes pour la même affaire.

1. Une procuration spéciale se trouve nécessairement révoquée par une autre procuration spéciale pour la même affaire.

2. De deux procurations, l'une générale, l'autre spéciale, la seconde révoque dans la première la gestion de l'affaire qui en fait l'objet seulement. *In toto genere, generi per speciem derogatur, et illud potissimum habetur, quod ad speciem directum est.* [5]

---

1 Art. 2004, Code civ.

2 Art. 2006, Code civ.; L. 31, §. *ult.*, *ff. de procurat.*; Domat, Lois civ., liv. 1.ᵉʳ, sect. IV, art. 2, des Procurat.

3 Art. 2006, Code civ.; L. 15, *ff. mand.*

4 Art. 2005, Code civ., et Pothier, du contr. de mand., n.° 121.

5 L. 80, *ff. de reg. jur.*

4. De deux procurations, l'une spéciale, l'autre générale, la seconde ne révoque point la première : pour qu'il y ait une révocation, il faut que l'on puisse supposer un changement de volonté ; ici rien ne le fait supposer.

Ces différentes conséquences sont justes et applicables, lorsque des circonstances particulières ne viennent les détruire.

## §. 2.

### *De la renonciation du mandataire.*

Comme second mode d'extinction se présente la renonciation du mandataire au mandat.

Nous ne parlerons ici de cette renonciation que dans le sens suivant, c'est-à-dire, que la renonciation du mandataire soit faite après son acceptation [1]. Nous avons parlé ailleurs d'une autre espèce de renonciation qui éteint aussi le mandat, ou plutôt qui l'empêche d'être, de la non-acceptation. [2]

La loi permet au mandataire de renoncer à son mandat, même après son acceptation ; elle n'ajoute point, comme elle le fait à l'égard du constituant, *quand bon lui semble ;* et, loin d'étendre cette faculté, elle la resserre au contraire, en y attachant des exceptions qui la modifient.

Le mandataire renonce au mandant, ou parce que telle est sa volonté, *finita voluntate*, ou parce que différentes causes l'y obligent [3]. Dans le premier cas, la loi nouvelle, conforme au Droit romain, pour empêcher qu'une renonciation trop arbitraire ne pût souvent blesser les intérêts du mandant, ne permet au manda-

---

1 Art. 2003, Code civ.
2 Art. 1.er du chap. 1.er de cette Dissertation.
3 Art 2007 du Code civ.

taire de renoncer au mandat, qu'en s'engageant à indemniser le constituant, si cette renonciation pouvoit lui devenir préjudiciable[1]. *Renuntiari autem ita potest, ut integrum jus mandatori reservetur, vel per se, vel per alium, eamdem rem commode explicandi.*[2]

Dans le second cas, des causes majeures mettant le mandataire dans l'impossibilité de continuer sa gestion, la loi l'en décharge. Ces différentes causes, que nous allons parcourir, la loi romaine nous les présente ainsi réunies : *Sane si valetudinis adversæ, vel capitalium inimicitiarum, seu ob inanes rei actiones, seu ob aliam justam causam excusationes alleget, audiendus est.*[3]

1.° *Valetudo adversa.* Le cas de maladie dispense nécessairement le mandataire de remplir son mandat : à l'impossible nul n'est tenu.

2.° *Inimicitia capitalis.* Une inimitié capitale qui survient entre le mandataire et le mandant, détruisant la confiance, éteint naturellement aussi le mandat. La loi dit *capitalis inimicitia*, une haine mortelle : en effet, des contestations du moment, qu'eût fait naître un léger motif, ne légitiment point à ses yeux cette renonciation.[4]

3.° *Inanes rei actiones*[5]. Le cas de déconfiture du mandant.[6] Ce cas, enlevant au mandataire toute garantie, tout recours, doit aussi le décharger de continuer son mandat. Il en est de

---

1 Art. 2007, Code civ.

2 L. 22, §. *ult.*, *ff. mand.*; et Domat, Lois civ., sect. IV, art 5, des Procurat.

3 L. 23, 24, 25, *ff. mand.*

4 Pothier, du contr. de mand., n.° 40.

5 *Inanes rei actiones* sont des actions qui deviennent sans effet pour celui qui les intente, à cause de la pauvreté, *inopia*, ou déconfiture de celui contre qui il les intente. L. 6, *ff. de dol. mal.*

6 Art. 2002, Code civ.; Pothier, du contr. de mand., endroit cité.

même du cas de déconfiture du mandataire : ce cas éteint le mandat.[1]

4.° La loi romaine généralise la quatrième cause : *alia justa causa.* En effet, il est impossible de prévoir une foule d'empêchemens inattendus qui peuvent survenir au mandataire depuis son acceptation, arrêter sa gestion, ou, s'il la continuoit, l'exposer à éprouver un préjudice considérable[2]. Toutes ces différentes causes légitiment la renonciation du mandataire ; cependant elles ne rompent véritablement le mandat que lorsqu'une notification expresse en a donné connoissance au mandant, ou s'il est prouvé que le mandataire a été légitimement empêché de faire cette notification[3]. *Si vero intelligit explere se id officium non posse, id ipsum, cum primum potest, debet mandatori nuntiare.*[4]

### §. 3.

*De la mort, naturelle ou civile, de l'interdiction, soit du mandataire, soit du mandant.*

La mort rompt de plein droit tous les engagemens ; elle met donc fin au mandat : *Mandatum solvitur morte.*[5]

### ARTICLE 1.ᵉʳ

*De la mort, naturelle ou civile, du mandataire; de son interdiction.*

Le mandat finit,

1.° Par la mort naturelle du mandataire : *Morte ejus cui mandatum est, si is integro adhuc mandato decesserit, solvitur mandatum.*[6]

---

1 Art. 2003, Cod. civ.

2 Art. 2007, *ibid.*

3 POTHIER, du contr. de mandat., n.° 43.

4 L. 27, §. 2, *ff. mand.*

5 Art. 2003, Cod. civ. ; et L. 26, *ff. mand.*

6 L. 27, §. 3, *ff. mand.*

La mort du mandataire éteint le mandat, et, par suite, la mort du mandataire qui s'est substitué quelqu'un n'ayant pas pouvoir de le faire, ou l'ayant, mais indéterminé, éteint aussi le mandat : *Si is, integro adhuc mandato decesserit*, nous dit la loi romaine; c'est qu'effectivement il est des cas où les héritiers du mandataire succèdent, on pourroit dire momentanément, aux engagemens du mandataire.

Le mandat n'est éteint à l'égard du mandant que lorsqu'il a connoissance de la mort du mandataire, dont avis doit lui être donné; jusqu'à ce moment la loi charge les héritiers de ce dernier de la gestion qu'il n'a pu terminer : elle veut qu'ils pourvoient à ce que les circonstances pourront exiger pour l'intérêt du mandant; qu'ils terminent même l'affaire qu'il avoit commencée, si un retard pouvoit en empêcher la réussite; enfin, elle veut qu'ils remplissent le mandat comme s'ils en avoient eux-mêmes été chargés[1]. *Ea, quæ per defunctum inchoata sunt, per heredem explicari debent.*[2]

Mais aussi la loi reconnoît tout ce que les héritiers du mandataire ont fait, lorsqu'ils l'ont fait à propos (*ex causa mandati*) et de bonne foi; il y a plus, elle oblige le mandant de le reconnoître à son tour et de les en indemniser; elle leur accorde à cet effet contre lui l'action du mandataire lui-même : *Heredem fidejussoris, si solverit, habere mandati actionem, dubium non est.*[3] Comme aussi elle accorde au mandant contre eux, s'ils manquent à ces obligations, *l'action directe*, qu'il eût eue contre le mandataire.

2.° Par sa mort civile.

La mort civile est, aux yeux de la loi, l'image de la mort naturelle : elle éteint le mandat du moment où elle est encourue.

---

1 Art. 2010, *confer.* 1372, Cod. civ.

2 L. 40, *ff. pro socio.*

3 L. 14, *ff. mand.*

Les héritiers du mandataire qui est mort civilement, entrant dans tous ses droits, succèdent aussi à toutes ses obligations ; ils deviennent comptables avec le mandant, et le mandant est à son tour obligé de reconnoître leurs pouvoirs, comme dans le cas de mort naturelle.

3.° Par son interdiction.

Le mandat finit encore par l'interdiction du mandataire. L'interdiction l'assimile au mineur non émancipé, le frappe d'une incapacité totale, et enlève au mandant toute garantie : les intérêts de celui-ci réclamoient donc cette disposition. L'interdiction va plus loin encore ; elle annulle tous les actes passés postérieurement, et permet même au mandant de réclamer la nullité de ceux passés antérieurement, s'il reconnoît que la cause de l'interdiction existoit notoirement à l'époque où ils ont été faits. [1]

### ARTICLE 2.

*De la mort, naturelle ou civile, du mandant; de son interdiction.*

Le mandat finit,

1.° Par la mort naturelle du mandant. *Mandatum, re integra, domini morte finitur.* [2]

A la mort du mandant doit nécessairement cesser le mandat; « car (observe un orateur du Gouvernement) il est impossible d'agir au nom d'un homme qui n'existe plus. [3]

Le mandataire peut ignorer la mort du mandant, et continuer la gestion ; dans ce cas, la loi valide tous les engagemens qu'il auroit contractés dans cette ignorance [4]. Elle en rend les héritiers

---

1 Art. 502 et 503, Cod. civ.

2 Art. 2002, Cod. civ.; L. 15, *C. L.* 26, *ff. mand.*

3 Exposé des mot., Rapp. de M. BERTRAND DE GREUILLE.

4 Art. 2008, Cod. civ.

du mandant responsables, et donne au mandataire contre eux l'action directe.

*Si per ignorantiam impletum est, competere actionem utilitatis causa [1] dicitur.* [2]

La mort du mandant, même parvenue à la connoissance du mandataire, tout en éteignant le mandat, n'éteint point les obligations que lui impose la loi; savoir :

1) De pourvoir à ce que les circonstances peuvent exiger pour l'intérêt de celui-ci;

2) De terminer ce qu'il a commencé, si, comme le dit la loi, *il y a péril en la demeure;* [3]

3) De rendre compte de sa gestion aux héritiers du mandant.

Responsable envers eux de toutes ces obligations, ces héritiers ont contre lui la même action qu'auroit eue le mandant lui-même. *Mandatum morte mandatoris, non etiam mandati actio solvitur.* [4]

De ce principe, *le mandat s'éteint par la mort du mandant,* sortent les conséquences suivantes :

1) Le mandat s'éteint par la mort du tuteur qui l'avoit donné. [5]

2) Le mandat s'éteint, lorsque, donné par un absent, dix ans se sont écoulés depuis l'absence ou les dernières nouvelles, et qu'un jugement a mis les présomptifs héritiers en possession provisoire des biens de cet absent. Au bout de ce terme, la loi présume que l'absent n'existe plus. [6]

2.° Par sa mort civile.

Les mêmes motifs qui font cesser le mandat par la mort natu-

---

1 *Causa utilitatis, id est: ne officium seu benignitas mandatarii ei noceat.*

2 L. 26, *ff. mand.*; §. 10, *Inst. de mand.*; DOMAT, Lois civ., t. I.er, liv. 1.er, tit. 16, sect. IV, art. 7, des procurations.

3 Art. 1991; Cod. civ.; POTHIER, du contr. de mand., n.° 107.

4 L. 58, *ff. mand.*

5 POTHIER, du contr. de mand., n.° 102.

6 Art. 121, Cod. civ.; POTHIER, du contr. de mand., n.° 101.

relle du mandant, le font cesser par sa mort civile, du moment qu'elle est encourue : ici, comme dans le cas de mort naturelle, le mandataire devient comptable envers les héritiers du mort civilement de toutes les obligations que son mandat, même éteint, lui impose encore.[1]

3.º Par son interdiction.

Le mandat finit, enfin, par l'interdiction du mandant.

L'interdit étant déclaré incapable de gérer ses propres affaires sans l'autorisation d'un tuteur, cette incapacité doit frapper en même temps son mandataire, qui le représente.

## §. 4.

### *De la prescription.*

Enfin, une dernière cause d'extinction du mandat, c'est la prescription.

Toutes les actions se prescrivent par 3o ans ; ainsi, au bout de ce terme, si aucune des causes que nous venons de parcourir n'a fait cesser le mandat, il s'éteint de plein droit[2] et ne produit plus d'actions.[3]

---

1 Art. 25, 718 et 719, Code civ.

2 Rousseaud de la Combe, Rec. de jurisp., mot *Procur.*, part. 1.<sup>re</sup>, sect. IV, n.° 6.

3 Art. 2262, Cod. civ.

**FIN.**

# TABLE DES MATIÈRES.